고요아침 운문정신 009

뜨거운 묘비

박권숙 시집

고요아침

| 시인의 말 |

　아아, 봄이다. 내 생애 또 한 번 기적처럼 허락된 이 봄날, 겨우내 하고 싶은 말 꾹 꾹 눌러온 꽃나무들이 단단한 겨울눈 열고 펑펑 폭죽처럼 꽃봉오리 터뜨리는 신생의 세상을 눈부신 채로, 아니 눈물겨운 채로, 아니 눈 속 가득한 채로 맞이하며 나도 가슴 속 꾹 꾹 눌러온 뜨거운 내 말들을 열어 일곱 번째 시집을 묶는다. 도와주신 고마운 분들께 진심으로 감사드린다.

2017년 봄날
박권숙

| 차례 |

시인의 말　　　　　　　　　　05

제1부 가야로 부는 바람

버드나무가 있는 풍경　　　　　13
빗점골 지나며　　　　　　　　14
뜨거운 묘비　　　　　　　　　15
삼월의 방　　　　　　　　　　16
가야로 부는 바람　　　　　　　17
달과 까마귀　　　　　　　　　18
귀성 행진곡　　　　　　　　　19
정읍사　　　　　　　　　　　20
길 위의 나라　　　　　　　　　21
넝쿨　　　　　　　　　　　　22
조개를 까면서　　　　　　　　23
팽나무 일기　　　　　　　　　24
실밥　　　　　　　　　　　　25
소금우물　　　　　　　　　　26
정읍의 봄　　　　　　　　　　27
벽송　　　　　　　　　　　　28
묵비권　　　　　　　　　　　29
그믐　　　　　　　　　　　　30
쇠뜨기　　　　　　　　　　　31
위 두어렁셩 두어렁셩 다링디리　32

제2부 겨울군무

홍매화	35
쑥	36
겨울 군무	37
가시가 뜨겁다	38
패총	39
비 오는 밤	40
가난한 사람들	41
빈 병	42
바람 벽화	43
나무 아래 잠든 사람	44
다뉴세문경	46
허공이 직각으로 빛나는 저녁	47
북향집	48
노을 탁본	49
해무 경보	50
이어도	51
강정마을에서	52
땅거미	53
빨래하는 여인들	54

제3부 목련꽃 우편

접시꽃	57
여우비	58
씨앗	59
목련꽃 우편	60
오후 다섯 시	61
동백꽃 해일	62
그림자론	63
도토리 줍는 사이	64
폐선	65
물방울 수막새	66
돌탑을 쌓는 이유	67
배추밭	68
봄 밤	69
허공저울	70
군자정에 오르다	71
작설차를 마시며	72
빈 둥지	73
날개	74
만월	75

제4부 그리운 삽화

그리운 삽화 —성냥	79
그리운 삽화 —우체통	80
그리운 삽화 —장독	81
그리운 삽화 —청동거울	82
그리운 삽화 —소라고둥	83
그리운 삽화 —빨랫줄	84
그리운 삽화 —문풍지	85
그리운 삽화 —석대동 시	86
그리운 삽화 —손	87
뻐꾸기가 우는 법	88
울기등대	89
기도	90
섬진이 하는 말	91
낯선 귀성	92
11월	93
은사시나무 앞에서	94
반송된 시집	95
동백나무 경전	96
손이 손을 덮을 때	97

■ 해설_'그리운 삽화'를 통해 가 닿은
    기억의 진정성과 깊이/ 유성호   98

제1부

가야로 부는 바람

버드나무가 있는 풍경

지나가 버린 것들의 머리칼을 쓰다듬는

햇빛과 오후 사이 고운체로 쳐 내려도

끝끝내 빠져나오지 못한 무언가 남아 있다

그 무엇의 감촉을 기억하고 있는 듯이

부드러운 머리칼 한 올까지 쓰다듬는

햇빛과 오후 사이에는 오오래 부는 바람

빗점골 지나며

서로의 견장에서 빛나던 별과 함께

영영 소등을 끝낸

산 한 채 더듬다가

진달래

플러그를 꽂자

봄이 확 점화한다

뜨거운 묘비

적막의 끝탕을 건딘 맹목의 울음으로
매미는 단 한 번의 여름을 무덤 삼고
뜨거운 생의 중천에 제 묘비를 세운다

막장의 지층을 건딘 불의 간절함으로
석탄은 단 한 번의 점화를 꿈꾸다가
뜨거운 생의 화덕에 제 묘비를 세운다

만년설 여백을 건딘 꽃 같은 점 하나로
아! 사내는 히말라야 빙벽에 매달린 채
뜨거운 생의 밧줄에 제 묘비를 세운다

삼월의 방

찻물이 끓어오르며 파종한 물방울은
태어나고 있는 꽃과 태어나려 하는 꽃들
희디흰 맨발의 군무 만발한 물의 꽃밭

허공에 발 구르며 날아갈 홀씨처럼
크게 한 번 심호흡 삼켰다 뱉는 동안
투명한 물의 영혼에 연록의 이끼 입힌다

가야로 부는 바람

박물관 뜰을 채운 적막을 베틀 삼아
그리움도 열다섯 새 날실로 짜다 보면
사라진 왕국 하나가 펄럭이는 바람결

그 바람 몸을 맡긴 오동꽃 등불 아래
가야금 한 채씩을 품고 선 나무들은
천년을 흐느껴 우는 한 사내를 닮았다

그 울음 휘감고도 남은 바람 한 자락
순장의 와질토기 금 사이로 얼비치는
캄캄한 아니 찬란한 신화 쪽으로 출렁인다

달과 까마귀
— 이중섭론

화필의 저 숨찬 침묵의 언어를 듣기 위해

바다가 보름달빛 덧칠을 벗겨내면

캄캄한 섬의 일대기가 환히 다 보였다

제 울음의 바다에서 평생 섬이었던

한 미친 화가가 까마귀 떼로 날아올라

불길한 금빛절규를 혼신으로 그리고 있다

귀성 행진곡

유리창 건반 위를 빠르게 달리는 비
그리움의 기울기를 견디다 추락하는
빗방울 음표사이로 낙동강을 끌고 간다

어딜까 제 기억의 행선지를 되묻다가
바람의 모든 발자국이 오선지로 처리된 창
빗방울 스타카토로 떠오르는 지명 하나

정음의 악보로는 늘 읽을 수 없던 꿈들
유리창 건반위를 역광으로 달리다가
빗방울 한 박자 빠른 밤기차를 놓친다

정읍사

어긔야 어강도리 새처럼 떠도는 달을

돌의 눈물 깊숙이 붙들어 놓은 한 여자

부사치

아양동 고개

혹은 월령 어디쯤

길 위의 나라

왕릉의 담 밖으로 거처를 옮긴 봄이
경주 쪽샘 철거민의 안부를 묻는 동안
허공의 발자국처럼 벚꽃이 지고 있다

명명도 출토도 안된 연대기 더듬으며
두레박을 내리듯 다시 벚꽃이 지고 있다
바닥에 영영 닿지 못할 그리움의 줄은 짧아

무수히 명멸하는 낙화의 길 위에서
떨리는 영락편과 곡옥들 흩뿌리며
시간의 금관을 벗는 한 나라를 보았다

넝쿨

그녀가 골똘히 햇빛 쪽으로 뻗는 생각

저렇게 막무가내 허공을 건너는 일은 눈도 귀도 입도 기억에 쓸리고 쓸려 핏줄 힘줄 다 지워진 더듬이 하나로 남아 한 생이 다른 생으로 옮겨 붙는 것인데

관음전 금빛미소로 덩그러니 남은 호박

조개를 까면서

조개가 제 몫의 꿈을 다 해감하고 나면
무성으로 박제된 수세기의 파도는
짜디짠 기억 안쪽에 진주로 남을 것이다

봉분처럼 다물어버린 폐각을 연다는 것은
도굴을 꿈꾸는 칼날보다 더 먼저
맨살로 수습되었던 선사기의 비린내

주름겹겹 매몰된 그 연질의 수평마다
최초의 해조음이 뱉어내고 삼켰던
공복의 아픈 고요를 만져보는 것이다

팽나무 일기

세 들어 살던 바람 추운 이사가 끝나고
가슴에 품어 기른 뺨 붉은 가랑잎새
마지막 날갯짓으로 찬 별 물고 날아가고

입동에 탑승하기 직전에 뛰어내린
금빛 노을 한 무리가 탁발한 건초 냄새
빈 팔로 받쳐 든 하늘 금싸라기 뿌려놓고

길보다 멀리 뻗은 그림자 둘둘 말아
겨우내 다라니경 찍어낸 옹이마다
몸 비운 천불산 한 채가 환한 달로 들어앉고

실밥

올올 곧게 박은 인연 가위질한 매듭처럼

깜짝 놀란 곡선으로
꽃 다 보낸 저 꽃나무

헌 실밥 흔적만 남은 내 이승도 저기쯤

꽃 진다 오후 네 시 무궁화호 열차 뒤로

하동 역 썰물 같이
석양 빠져나간 자리

실구름 한 뭉치 멀리 너의 저승에 닿는다

소금우물

엔징의 란찬강 소금계곡 퍼 올려
붉은 홍염 등에 진 마방 길 캄파한즈
티베트 협곡과 고원 먼 설산을 넘어간다

자취가 길이 되고 길이 된 자취마다
염지 나무다락을 떠받친 하 세월이
짜디짠 소금을 핥는 야크처럼 울었다

새 편자 갈아 끼운 해와 바람 회향 앞에
가슴 속 소금우물 한 채씩 푸다보면
내 등의 무거운 삶도 소금 커로 쌓인다

* 중국 윈난성 샹글리라현에서 티베트 라싸에 이르는 차마고도의 초입 요충지인 망캉현의 엔징은 염정(소금우물)을 뜻한다.

정읍의 봄
― 전봉준 생가에서

1.
더 물러설 곳 없어 갑오년 봄이 벼랑일 때
분사한 꽃들의 하얀 발을 껴안고
헛짚은 연대 속으로 투신하던 당신들

벚나무가 옹이 박힌 저 수직의 무덤일 때
뭉개진 별 곱게 주워 하늘 한 쪽에 켜두는 손
세상의 저녁 쪽으로 젖은 악수를 청한다

2.
더는 테도 메울 수 없어 봄이 빈 옹기일 때
누대의 금간 적막을 차곡차곡 되질하며
막장의 기억 속으로 매몰당한 당신들

신호가 더께 앉은 공명뿐인 폐광일 때
불과 물로 빚은 꿈을 바닥까지 긁어낸 손
세상의 저녁 쪽으로 젖은 구원을 청한다

벽송

가슴에 보름달 뜨지 않은 지 오래
세한도 바깥으로 단 한 발만 내딛어도
탐라는 눈보라 치는 백 척의 간두였다

길이 다한 곳에서 길을 낸다는 것은
벽송이 외곬으로 생의 벼랑 견디듯이
결연한 붓 한 자루로 허공을 가르는 일

심화로 끓는 바다 먹 삼아 갈다보면
멀리 김통정에까지 푸르청청 번진 불은
절해의 섬을 휘감아 추사체로 일어선다

묵비권

황오동 고분 앞에서 길 잃어버린 시간
가을의 은닉처를 다그치다 지친 저녁
비탈진 묵묵부답에 둥근 등을 기대겠네

초로를 지난 이마 구름 몇 송이 얹고
배석한 그리움과 두 그루 느티나무
황금빛 소매를 들어 고요를 불러내고

말없음표만 술렁일 문득 낯선 죽음과
낯익은 쓸쓸함과 풀 비린내뿐인 증인
추호의 망설임 없이 모두 입을 버리겠네

그믐

평생을 여백으로 살아낸 아버지는
비워낸 힘으로만 차오르는 달 하나를
깊숙이 가슴에 품고 달래셨던 것인데

평생을 썰물로만 살아낸 아버지는
빛나기 전에 온전히 이지러진 달 하나를
캄캄한 눈물바다에 잠재우신 것인데

돌샘바닥 같은 눈을 감았다 뜨는 동안
밀물 진 만조의 꿈을 당기고 미는 동안
저기 저 서투른 첫발, 달하나가 달아난다

쇠뜨기

불가촉 천민으로 이 땅을 떠돌아도
너는 가을벌레처럼 흐느껴 울지 마라
풀밭에 온몸을 꿇린 소처럼도 울지 마라

세들 쪽방 하나 없어 어린 뱀밥 내어주고
흙 한 뼘 햇살 한 뼘 지분으로 받아든 죄
무성한 바람소리에 귀를 닫는 저물녘

뽑히면 일어서고 짓밟히면 기어가는
너는 끊긴 길 앞에서 아무 말 묻지 마라
허공에 흩뿌린 풀씨 그 길마저 묻지 마라

위 두어렁셩 두어렁셩 다링디리

북채도 춤사위도
다 잊혀진 북소리는

즈믄 해 울음을 덧댄
목판본 빠져나와

왕조가
망한 하늘에
홍만 남은 보름달

제2부
겨울군무

홍매화

당신이 지고 떠난 그 놀빛 그대로가
꽁꽁 언 뺨 붉히며 명부전을 기웃대다

화들짝 잔설을 터는
봄과 딱 마주쳤다

들키지 않으면 그리움도 깡말라서
등걸 째 새겨놓은 그 놀빛 그대로가

맺힌 채 글썽거리는
붉은 남도 사투리

쑥

겨우내
죽음 곁에서
빛과 바람 필사해온

봉분이
밀어 올리는
봄의 예감 쪽으로

초판본
그리움 같은
푸른 방점 찍고 있다

겨울 군무

꼿꼿이 서서 부러져야 죽창 드는 대뿌리랴
굴신의 치욕만큼 가으내 날을 벼린
갈대는 죽은 후에도 칼을 놓지 않았다

흑두루미 떼울음을 남도 완창으로 듣다
바람은 갈대를 밀어 허공 층층 일으키고
허공은 갈대를 당겨 바람 겹겹 기대는데

진창에 발목 잡힌 생이 순천이었다
다 비운 속울음도 때론 신명을 탈 때 있어
추임새 넣던 빈 갯벌이 대대포를 놓친다

가시가 뜨겁다

간절한 것이 모두 증발해 버린 뒤에
선인장 가시들은 눈물 푸른 손 자르고
비로소 붉은 독기의 피뢰침이 되었다

울주군 간절곶 간절함에 찔린 바다
마른 번개로 켜졌다 꺼진 수평선 붙들고 선
망부석 그 여인하나 돌가시로 박혀있다

생의 가뭄 견뎌온 내 간절한 촉수들은
사막을 껴안고 우는 가시 돋친 시 한 줄
세상을 향해 내미는 가시투성이 꽃 붉다

패총

해감처럼 뱉어낸

바다가 마르는 동안

소금으로 빛나는

그리움의 구석을

샅샅이

파내어버린

석회질의 빈 가슴

비 오는 밤

무거운 비의 몸을 벗어버린 물방울은
기억날 듯 기억날 듯 기억나지 않는 얼굴
누군가 흐린 표정을 두드리다 맺힌다

기억의 동굴 벽에 물의 싹이 돋아나
물의 잎이 자라고 저, 떨기 진 물의 낙과
누군가 비의 영혼을 망설이다 놓친다

가난한 사람들

바르비종 들판에서 이삭 줍는 여인들
밀레의 유화 속을 엿보다 들켜버린
등보다 깊이 엎드려 낟알로 떨군 가난

옛 자갈치 시장 좌판 비린 손 뒷짐 지고
최민식의 사진 속을 흑백으로 빠져나와
누이 등 젖먹이에게 젖 물리고 선 여인

박제된 시간의 그늘 밖으로 쏟아지는
보아라 저건, 금도금빛 가을볕에 눈먼 남루
은가루 비린 바람에 오, 목이 멘 환한 허기

빈 병

누군가의 갈증 앞에 술 혹은 물 다 쏟고

바람이 불면 텅 비운 몸은 일주문 뿐인 암자

고요의 중심 가누며 외떠로 우는 풍경

보름달이 빈 병 어깨를 빌린 그 잠시 동안

아찔한 오, 견성의 찰나에 부딪치며

우리가 만져 본 것은 섬광이란 단어였네

바람 벽화

그 섬의 추운 길들은 세상 쪽으로 뻗지 않고
불망의 돌잎새 자라는 용담 같은
가슴 속 저마다 품은 동굴 쪽으로 휘는가

호청 같은 함박눈 아무리 당겨 덮어도
아직도 어깨 시린 오름의 잠 한 켠은
불거진 연대기 같은 먹 바위 정을 친다

몸으로 우는 것들은 다 바람의 끝이 되고
삼나무 숲 뿌리가 끝끝내 놓지 못한
숨비질 여백을 끌고 전각화로 떠오른다

나무 아래 잠든 사람

다 보여
먼 길 벗어
나무에 맡겨놓고

그늘이 깊을수록
그의 잠은 가벼워져

노숙의
굽은 꿈자리
수직의 하늘 오른다

다 보여
굼벵이였던
뉘도 딱 한 번쯤은

벼리어온 속울음
풍물 잡힌 오, 신명

잠속의
그 하늘빛은
놋쇠처럼 뜨겁다

다뉴세문경

동천 쯤 흘러와서 울음도 물살 겹겹
청동 녹을 닦아낸 하늘과 물의 틈새
숨겨둔 다뉴세문경 꺼내들던 그 봄날

화살촉 갈아 끼운 봄볕 마구 쏟아내는
빛나는 징검돌 한가운데 나는 꽂혀
한시도 빛나지 않는 과녁이 되어 울었다

요하에서 동천 쯤 흘러왔을 거울 하나
내 울음 잔무늬도 또 한 겹 아로새겨
시간의 환한 틈새로 꺼내들던 그 봄날

허공이 직각으로 빛나는 저녁

날아갈 듯
날아가지 못한
슬픈 사랑 붙들고선

부석사 무량수전
배흘림기둥 붉어서

목각의
가을 발자국
단청 밖으로 찍힌다

북향집

큰길 품은 가슴이면 햇빛쯤은 등져야지
매서운 칼바람도 온몸으로 받아치며
꼿꼿이 맞선 겨울쯤 면벽처럼 버텨야지

님의 침묵 휩싸고 도는 향나무 가지마다
북천 고이 받쳐 든 심우장 세우신 뜻
북장골 만해 한용운 유택 한 채 뿐이랴

북간도 시베리아 연해주 떠돌다가
외로운 길 지워진 강점기 폭설 속엔
북향집 한 채로 앉아 눈 부릅뜬 사람 많다

노을 탁본

바다의 가장자리에 역광을 덧대 놓고
타오를 채비를 끝낸 비탈의 나무들은
황금빛 이별을 위해 저녁을 탁본한다

패이고 도드라진 석양의 예각마다
잘못 발을 헛디디면 담묵 번진 바다여서
몇 장의 파지를 찢어 빛에 축인 저녁놀

파도 한 겹 바람 한 겹 벗겨낸 가을 한 겹
탁봉을 내려놓은 비탈의 나무들은
황금빛 이별을 위해 복각을 서두른다

해무 경보
― 팽목항

안개의 투망질에 수평이 사라진 날
모든 가슴과 바다 아니 한 사발 물 앞에도
우리가 괴어놓았던 하늘이 무너졌다

찬 입술 떨며 오른 샛별과 이른 아침
새처럼 지저귀던 섬과 그 고운 뺨에
부끄럼 많던 저녁놀도 함께 무너졌다

모든 가슴과 바다 아니 한 사발 물 앞에도
한 자루씩 촛불로 닻을 내린 비린 기도
찢어진 안개그물을 맨손으로 걷고 있다

이어도

가슴 속 돌밭을 추려 고랑 진 생 파다보면
먼 고랑 밖으로 나가 돌아오지 않는 호명
그리운 뿌리는 모두 이어도로 뻗는다

순명의 태왁을 타고 모진 숨 고르다보면
마지막으로 한 번 꿈에 다녀가는 이들
밤마다 하얗게 눈뜬 이어도를 만난다

숨비소리 마디보다 더 가쁜 제주바다
죽음의 앞섶을 여미며 풀며 우는 날엔
거대한 암초에 걸린 전설 하나 건져낸다

강정마을에서

물질서툰 낭설에 실려 위태한 저녁이 왔다

노을도 바람구멍 숭숭 뚫린 저녁이 왔다

마음이 멀리 나가버린 몸으로 저녁이 왔다

땅거미

지는 꽃이 끝까지 붙들고 있던 기억
울음난간 아래로 밀어뜨리는 매미처럼
어머니 감나무 아래 무언가 숨기고 있다

해종일 뜰을 채운 그늘을 솎아내다
가만히 석양 쪽으로 젖은 등을 내어주는
어머니 그림자 속에 무언가 숨기고 있다

마당을 가로질러 마루턱 오르다가
문고리 잡을 듯 말듯 물러나는 땅거미
어머니 저녁하늘에 무언가 숨기고 있다

빨래하는 여인들*

건너야 할 생의 다리 아래가 환한 것은
물보다 더 슬픈 여울로 주저앉아
표백된 제 그늘만큼 꽃핀 저들 때문이다

건너지 못한 생의 이편에서 저편까지
주름진 물의 솔기 찬찬히 펴다 보면
아를의 미친 고독도 맑게 헹군 꽃 몇 송이

건너가 버린 생의 다리 아래가 환한 것은
두껍게 칠한 웃음 한 겹씩 벗겨내고
투명한 제 울음만큼 꽃진 저들 때문이다

* 빈센트 반 고흐의 유화 「아를의 랑글루아다리와 빨래하는 여인들」.

제3부
목련꽃 우편

접시꽃

낮달을 이마에 올린 수녀원 담을 따라

오후의 기울기가 쓸쓸해진 네 시 무렵

금이 간 그리움처럼 빈 접시가 붉었다

바람의 무게중심이 바뀔 때마다 휘청

받쳐 든 절대고독 반쯤 쏟다 남은 자리

또다시 붉게 고이는 여름 적막 한 접시

여우비

불현 듯 생각난 듯 이쪽 별이 젖고 있다
빗소리 작은 들꽃 꿈 한 자락도 젖기 전에
돌았다 맺히지 못한 느낌표로 찍힌다

아마 다른 별에선가 새어나온 미소처럼
햇살에 들꽃 한 송이 물음표로 피는 동안
불현 듯 생각난 듯이 또 빗소리 찍힌다

씨앗

어둡기 시작하는 마음의 빈 터마다
빈센트 반 고흐의 씨 뿌리는 사람 본다
나목의 검은 손마디 몰래 빠져나온 저녁

레몬빛 태양은 머리위에서 빛나고
생의 화폭 뿌려진 노을의 씨앗 한 톨
흙냄새 부풀어오르는 죽음을 파종한다

씨앗주머니 밖으로 한 번 나와 버린 씨는
열매 품어보지 못한 돌밭뿐인 마음에도
잘 썩은 어둠을 덮고 까만 승천을 꿈꾼다

목련꽃 우편

　목련이 피었다고
　소식을 전한다고

　우수 경칩 다 지나 경주 남산 삼릉도 지나 바람의 우체국 들렀다 가는 길에 놓고 가신 한두 잎 발자국 보일 듯 말듯 주소불명의 흰 소인 찍는 마애여래입상 아득한 눈빛도 지나 당신이 보낸 서신 채 봉함도 뜯기 전에

　하르르
　아주 흘려 쓴
　초서체로 지는 봄

오후 다섯 시

나무들이 고요히
고개를 숙이고

검은 뼈 앙상한
발등 위로 물끄러미

찬란한
이슬방울을
들여다 보는 저녁

동백꽃 해일

기세 좋게 석 삼동을 휘돌아 나오는 봄
백련사 동백이 켜든 수평에 걸려 멎은 날
꽃잎에 고인 바다를 쏟아버리면 보일까

물의 맨 안쪽에서 첫발을 뗀 꽃 한 잎은
불의 맨 바깥쪽까지 뻗친 단심이었다
목숨을 건 행보라면 늘 저렇게 붉어서

천수경 한 구절을 다 외우기도 전에
불단 쪽으로 받쳐 든 산다화 찻잔마다
뜨거운 겨울 해일로 강진바다 지고 있다

그림자론

불새가 마지막 불씨 지평선에 묻어놓고
황혼 재 다독여 하루를 끄는 시간
저무는 모든 것들은 제 고독의 키를 잰다

몸이 빠져나간 자리 빛에 탄 거울 하나
자신의 벼랑만큼씩 어둠에 갇힌 길들
고요히 들여다보는 저 외딴 섬 하나

가슴 속 윗목에다 햇볕 화로 밀어놓고
이제 검은 숯으로 온기 다 쏟아버린
묵시의 긴 두루마리를 흙의 손에 맡긴다

도토리 줍는 사이

고요도 아주 익어
금갈색 종이 되면

밀봉한 종소리들
앙금만 가라앉혀

묵언의 상수리나무
보살행을 닦는다

단풍 활활 타는 꿈도
분질러 끓인 가을

떫은 맛 잘 우려낸
그늘 한 솥 쑤어놓고

공양간 한 채로 서서
온 산 허기 달랜다

폐선

끝끝내 오지않는
신호를 기다리다

내가 당신 쪽으로
수평선을 그었을 때

내 안의
모든 길들은
바다로 출렁였다

물방울 수막새

합장한 손 풀리어 졸음 겨운 매화꽃
눈시울 맑게 비친 그 잠 속 방울방울

수막새 새겨놓으며
영묘사 봄비 온다

온다 온다 온다 온다 서러운 이 많아라
서러운 무리들이여 공덕 닦으러 온다고

아무도 풍요 부르며
흙 나르지 않는데

진흙 아닌 비로 구운 물방울 와편마다
벙긋이 부풀어 오른 저 미소 방울방울

환하다 구원이라는
말의 둥근 테두리

돌탑을 쌓는 이유

돌이 흘린 눈물로
가슴이 패일 때쯤

기억이란 돌의 순이
길게 길게 자라고

공명에 긁힌 고요가
아파오는 탑 하나

버려진 돌도 한 층
부르튼 발을 끌며

제 하늘 맨 꼭대기
별 한 점씩 올릴 때쯤

혼절을 거듭하면서
깨어나는 탑 하나

배추밭

앞 강물이 뒷 강물의 푸른 이마를 쓸어주고

앞 산맥이 뒷 산맥에 푸른 등을 내어주는

속 꽉 찬

바람법문에

귀가 밝아지는 법당

봄 밤

꽃나무가 어머니처럼 양팔을 한껏 벌려

졸음에 겨운 남풍 품에 꼭 안아주는

관음전 연등 아래선 야학이 한창이다

저것 봐, 초간본 하늘 첫 쪽 펼쳐놓고

저것 봐. 서투른 혀로 한 문장씩 따라 읽는

왁자한 별의 싹들이 파릇파릇 돋는 밤

허공저울

꽃씨 다 날려 보낸

빈 주머니 말아 쥐고

들꽃은 바람무게를

바람은 들꽃무게를

지그시

견디고 있는

목숨값 얹힌 허공

군자정에 오르다

가슴속 바람의 길이 훤히 다 보이는 날은
모헌공 숨결로 피운 진흙등불 켜들고
유호리 연지 가운데 가부좌한 군자 하나

또 다른 하늘이었던 당신들 눈물을 풀어
속 깊은 청도사람 못물 번진 웃음결엔
여름 해 기우는 것도 홍련처럼 붉어서

연잎 푸른 손바닥 지필묵 펼쳐들고
누마루 그늘로 봉한 바람상소 쓰는 동안
뜨거운 연밥 한 그릇 북천 쪽으로 익는다

* 연산조 때 모헌慕軒 이육이 청도군 화양면 유등리에 유호연지를 파고 못가운데 군자정이란 정자를 세워 강학하던 곳으로 모헌정사라고도 한다.

작설차를 마시며

이월 구례 화엄사 곧 닥칠 봄과 함께
잘 우려낸 녹차빛 예감 앞에 마주앉아
한 잔의 남도풍경을 찻물 가득 담급니다

적막한 길 일으켜 더 적막해진 강이
골짜기 묻은 호명 잔설로 남은 산을
한 잔의 수평 기울여 남김없이 따릅니다

빈 둥지

끝까지
잔광 한 무리
떠난 쪽을 지키며

해넘이 서산마루가
꼼짝없이 앉아 있다

저무는
사람의 등을
보는 일이 잦아졌다

날개

저녁의 한가운데
잠시 머문
낙화 한 잎

그 망설임 쪽으로
팽팽하게
당겨진 놀

목숨과 맞바꾼 봄을
꿰뚫은 저,
붉은 새

만월

평생 밥 한 술 보시한 적 없었는데

울음을 빚진 이 밤 풀벌레 공덕에 기대

나대신 달이 된 이들

울지 마라, 가을이다

그리운 누군가를 잊어버린다는 것은

정든 누군가에게 영영 잊혀 진다는 것은

울음을 텅 비우는 일

울지 마라, 가을이다

제4부
그리운 삽화

그리운 삽화
― 성냥

머리를 맞대고
단칸방에 잠들어도

손과 손
볼과 볼을
맞부비며 깨는 불씨

깡마른
가난을 뚫고
뜨겁게 타올랐다

그리운 삽화
— 우체통

우체통에 편지가 동백꽃처럼 떨어질 때
바람 부는 지상의 모든 길 모퉁이엔
동봉한 낮과 밤들이 낙화처럼 쌓인다

기다림을 피워 올린 꽃나무 한 채로 서서
꾹꾹 삼킨 붉은 사연 목까지 차오르면
행간의 빈 우물마다 흘림체 달도 비쳐

이승이란 우체통에 마지막 말 부치고
투신한 한 친구가 오늘아침 신문에서
송이채 동백꽃처럼 툭! 하고 떨어진다

그리운 삽화
— 장독

퇴락한 빈 장독대 마지막 독을 치운다

대물린 위세 같은 가을 볕 몸에 감고

금이 간 둥근 적막은 끝내 함구 중이다

슬하에 거두었던 그늘 다 분가하고

곰삭은 메아리만 소금 켜로 쟁인 가슴

빛바랜 족보에 얹혀 등이 휜 종부 같다

그리운 삽화
― 청동거울

빛을 휘몰아오는
청동의 하늘에는

봉황대 어둠을 견딘
가야의 민낯 같은

닦아도
닦이지 않는
푸른 녹 달이 뜬다

그리운 삽화
— 소라 고둥

온 귀로 친친 감은
한바다를 감추고

희미하게 말라가는
네 울음의 풍장터

서러운
소리의 뼈에
문득 허를 찔린다

그리운 삽화
― 빨랫줄

묶인 채 나부끼는 꿈이 어찌 깃발뿐이랴
깃발이 나아갈 길 앞장서 나부낄 때
빨래는 나부끼면서 지난 길을 들춘다

헐거워진 인기척이 마르는 무게만큼
다시 볕을 채우는 사람의 마을마다
거풍을 끝내지 못한 줄 하나로 남은 가을

바람이 바람을 몰고 허공에 길을 펴다
길이 길을 헤치고 줄에 바람 동이는
묶인 채 나부끼는 꿈이 어찌 빨래뿐이랴

그리운 삽화
— 문풍지

그리움의 틈새에
귀하나 묻어놓고

울지 마라
울지 마라
저 혼자 울다 문득,

겨울의
한가운데에
꽂힌 바람 한줄기

그리운 삽화
— 석대동 시

바람의 길이 선명히 찍힌 봄날 저녁이면
대송교 그늘에 걸린 유채꽃 등불처럼
발꿈치 닿은 곳마다 환해지는 물 보아라

반쯤 젖은 바람소리 반송 쪽으로 열어놓고
또 반쯤 뉘엿뉘엿 대로에 묶인 마음
풀었다 매듭짓는 일 꽃뿌리에 잠궈놓고

잘 구운 옹기냄새로 저무는 산 오르면
불길 휘돌아나간 가마터 하나씩을
가슴에 품고 살아온 석대사람 보아라

그리운 삽화
― 손

가을하늘 움켜쥔
단풍잎 손가락들

날개를 깨닫기 전
새처럼 떨고 있다

내 손도
붉은 공포로
목숨 붙든 적 있다

뻐꾸기가 우는 법

어머니 귓속으로 임진을 퍼 올리며

기억의 묵뫼들은 사암으로 떠올라

시간의 손가락 사이로 헐겁게 흘러내리고

달팽이로 감겨있는 강 하나 넘지 못해

평생 북상중인 우리나라 지친 봄은

짓무른 환청을 끌며 다시 임진을 퍼 올린다

울기등대

1.
맨 처음 그곳에 등대가 반짝였다
동해가 놓아기른 해풍과 고래 떼
방목의 긴 기다림이 밤을 잃어 버렸을 때

대왕암 수장 능 붉은 돌거북이 아래
천년을 한밤중에도 뜨겁게 타는 마음
밭어진 그 촛대위에 은빛 별로 켜졌을 때

2.
맨 처음 그곳에 등대가 반짝였다
난파선 한 채 뿐인 병고의 바다 건너
첫 시집 표지에 켜진 내 이름을 만났을 때

기도
― 정선 할매돌탑

땅에 엎드려 울던 것들 하늘을 깨우려면

울음도 허옇게 제 뼈쯤은 드러나야

뼈 속에 사리로 굳은 허공쯤은 일으켜야

삼천 배 굴신의 한 노구를 돌아 나온

모 닳은 정선아리랑 눈물쯤은 벼리어야

물집 선 돌촛대마다 번개 켜들 수 있다

섬진이 하는 말

강보다 질러온 봄이 구례쯤에서 허리 펴고
한바탕 사투리로 흐드러진 매화에게
옹이진 가슴 있거든 여기 풀어놓으라 한다

펄럭이며 피 흘리던 깃발의 시대가 가고
소리 내어 불러보지 못한 이름 부르며
해질녘 꼭 한 번씩은 강 아래로 내려와

아주 오래 참았던 눈물 같은 저녁 산
그늘진 얼굴 하나 어루만지며 아주 오래
물살이 한 방향으로 길 달래고 있었다

낯선 귀성

서둘러 기억에 드는 미루나무를 잠재우고
구름의자 깊숙이 몸을 묻은 산그늘

수몰된 웃음소리들
제 얼굴이 그리운 날

웃음이 서쪽까지 붉게 번진 다음에도
짧은 호명 한 마디 건져내지 못한 추석

입술에 걸린 만월을
선산 쪽으로 밀어낸다

11월

저기 혼자 불 켜는

억새꽃 쓸어주며

산그늘 후미진 곳만

골라 딛는 해거름

다 왔다

겨울까지는

한 발짝만 남았다

은사시나무 앞에서

숨찬 한 햇빛이
다른 햇빛을 머금다가

숨찬 다른 그늘이
또 한 그늘을 뱉어내고

나뭇잎
뒷면에 갇힌
남해바다 아가미

반송된 시집

파랑새를 날렸던
손을 잃어버리고

손이 있던 자리에
눈이 젖은 별 하나

발톱도
부리도 헤진
먼데 길이 아프다

동백나무 경전

주먹을 말아 힘껏 쥐었다가 펼치면
바람의 처음과 끝이 팽팽하다 풀린다

펼쳤던 주먹을 쥐고
나를 후려치는 꽃

비명도 없이 오십어귀 돌아나오던 끝물 겨울
지는 꽃의 무게만큼 가벼워진 손을 턴다

짙붉은 허공 한켠이
팽팽하다 풀린다

손이 손을 덮을 때

은하수를 건너는 무수한 별들 속에
단 하나의 낯익은 반짝임을 찾아내듯
어머니 당신 하늘엔 단 하나의 내가 뜬다

철쭉꽃 무리 진 무수한 꽃잎 속에
단 하나의 낯익은 진홍을 찾아내듯
어머니 당신 꽃밭엔 단 하나의 내가 핀다

어두운 품을 열어 별이 잘 빛나기를
따스한 숨을 불어 꽃이 잘 벙글기를
어머니 내 손등 위에 당신 손을 포갠다

| 해설 |
'그리운 삽화'를 통해 가 닿은 기억의 진정성과 깊이

유성호
문학평론가 · 한양대 교수

1.

서정적 발화의 본질은 일인칭의 자기 표현에 있다. 다시 말해 서정적 발화는 누군가에게 말을 건네는 그 순간에도 본질적 청자를 시인 자신으로 삼는다. 물론 공적 담론의 발화자 설정이 얼마든지 가능하겠지만, 그럼에도 불구하고 시의 근원적 자기 탐색의 속성은 전혀 반감되지 않는다. 그런가 하면 시는 가장 세련된 미학적 거처를 마련하면서 거기서 다른 범속한 발화들과 자신을 섬세하게 구분해낸다. 투박한 자기 고백이 아니라 수많은 미적 대상, 장치, 언술 등을 통해 미학적으로 '다른 목소리the other voice'를 생성해내는 것이다. 박권숙 신작 시조집 『뜨거운 묘비』는, 그 점에서 스스로를 향한 인생론적 다짐의 일인칭 고백록이자, 가장 세련된 장치와 언어를 꼭꼭 눌러담은 미학적 화폭이라는 이중 과제를 감당하고 있는 오롯한 성취라고 말할 수 있다.

먼저 우리는 박권숙 시인의 음역音域이 치열한 자기 탐색과 치유라는 전형적인 서정시의 기능 속에서 구축된 세계임을 알 수 있다. 이러한 균형과 긴장이 시인을 삶의 역설적 희망 쪽으로 끌어당긴 근본적인 힘일 것이다. 하지만 그녀의 시가 완고한 자기 집착에 머무르는 것은 결코 아니다. 오히려 시인은 타자와의 적극적 소통을 열망하고 꿈꿈으로써 세상 사람들의 다양한 목소리가 틈입하는 통로를 만들어낸다. 박권숙 시인 스스로도 「시인의 말」에서 "눈부신 채로, 아니 눈물겨운 채로, 아니 눈 속 가득한 채로" 노래한 "가슴 속 꾹 꾹 눌러온 뜨거운 내 말들"을 열어 내보내면서, 그것을 타자와의 관계 속에서 비롯하는 정서적 울림과 파동으로 연결시킨 바 있지 않은가. 이제 그 울림과 파동은 때로는 생성 지향적 에너지로 때로는 처연한 소멸 지향적 과정으로 이어져간다. 이 모든 것이 사물의 구체에 대한 박권숙 특유의 세세한 관찰과 표현의 결실이 아닐 수 없을 것이다. 다음 표제작을 한번 읽어보자.

    적막의 끝탕을 견딘 맹목의 울음으로
    매미는 단 한 번의 여름을 무덤 삼고
    뜨거운 생의 중천에 제 묘비를 세운다

    막장의 지층을 견딘 불의 간절함으로

> 석탄은 단 한 번의 점화를 꿈꾸다가
> 뜨거운 생의 화덕에 제 묘비를 세운다
>
> 만년설 여백을 견딘 꽃 같은 점 하나로
> 아! 사내는 히말라야 빙벽에 매달린 채
> 뜨거운 생의 밧줄에 제 묘비를 세운다
>
> —「뜨거운 묘비」전문

이 작품 안에는 세 개의 '뜨거운 묘비'가 놓여 있다. 그 주체는 '매미'와 '석탄'과 '사내'다. 모두 오랜 시간의 열망으로 삶의 완성이라는 드라마를 구축해간 존재라는 공통점을 가진다. 그리고 이들은 모두 '끌탕'과 '지층'과 '여백'을 견뎌낸 존재들이다. 먼저 '매미'는 적막과 울음으로 건너온 한여름을 바탕 삼아 "뜨거운 생의 중천"에 묘비를 세운다. '석탄'은 불의 간절함으로 점화를 꿈꾸다가 "뜨거운 생의 화덕"에 묘비를 세우고, '사내'는 히말라야 빙벽에 매달려 "뜨거운 생의 밧줄"에 묘비를 세운다. 이 '중천/화덕/밧줄'의 가파르고도 아득한 시간이 그들로 하여금 뜨거운[熱] 바람[望]을 가지게끔 했던 것이다. 그래서 우리는 이들이 세운 '뜨거운 묘비'들을 통해 삶의 신산함을 관통하면서 삶을 완성해가는 이들의 정서적 울림과 파동을 온몸으로 느끼게 된다. 비유하건대 이들은 "벽송이 외곬으로 생의 벼랑 견디듯이"(「벽송」) 스스로를 응시하면서 "자신의 벼랑만큼씩 어둠에 갇힌 길들/고요히 들여다보는"(「그림자론」) 존재들일 것이다. 다음은 어떠한가?

불가촉 천민으로 이 땅을 떠돌아도
너는 가을벌레처럼 흐느껴 울지 마라
풀밭에 온몸을 꿇린 소처럼도 울지 마라

세들 쪽방 하나 없어 어린 뱀밥 내어주고
흙 한 뼘 햇살 한 뼘 지분으로 받아든 죄
무성한 바람소리에 귀를 닫는 저물녘

뽑히면 일어서고 짓밟히면 기어가는
너는 끊긴 길 앞에서 아무 말 묻지 마라
허공에 흩뿌린 풀씨 그 길마저 묻지 마라

—「쇠뜨기」 전문

 제33회 중앙시조대상 수상작이기도 한 이 작품은, 외곽이나 주변에 존재하면서 떠도는 '쇠뜨기'가 지속적으로 길을 가려는 존재론적 에너지를 품고 있음을 실감 있게 묘사해낸 명편이다. 박권숙 특유의 점착력 있는 호소력과 안정된 이미지가 잘 살아 있는 작품이 아닐 수 없다. 여기서 '쇠뜨기'의 형상은 앞에서 '뜨거운 묘비'를 세워간 존재자들과 일맥상통하는데, 그것은 '쇠뜨기'가 흔히 잡초라고 불리는 하찮은 존재자로 여겨지고 있기 때문이다. 농민들도 골치 아파하는 '쇠뜨기'를 일러 시인이 이 땅을 떠도는 '불가촉 천민'으로 비유하는 것도 그러한 까닭일 것이다. 하찮은 존재자들을 통해 삶의 비의秘義를 일으켜 세우려는 시인의 의지가 다시 한 번 빛을 발한다. 이 작품은 "울지 마라"의 반복 속에서 쇠뜨기와 정서적 동일성을 이룬 시인이 쇠뜨기 형상에서 "세들 쪽방 하나 없어" 가난한 삶을 살아가는 이들을 떠올리기도 하고, "뽑히면 일어서고 짓밟히면 기어가는" 이들의 질긴 생존력을 보기도 하는 과정으로 엮어져 있다. 하지만 시인은 반복되는 "묻지 마라"는 표현 속에서 그 존재자들의 당당함에 대한 옹호와 신뢰를 가없이 보여줌으로써 미학적 반전을 시도한다. 이는 마치 소소한 존재자들이 "수직의 하늘"(「나무 아래 잠든 사람」)을 꿈꾸면서 "등의 무거운 삶"(「소금우물」)을 가탁假托해가는 과정과도 같을 것이다. 이처럼 박권숙 시인은 타자와의 적극적 소통을 열망함으로써, 세상 사람들의 다양한 목소리를 시적으로 재현함으로써, 사물을 바라보는 자신만의 넓은 안목을 보여준다. 위에서 살핀 두 절편絶篇이 이를 힘있게 증언하고 있다.

2.

그런가 하면 박권숙 시인은 이번 시조집을 통해 자신의 존재론적 기원origin 안에 웅크리고 있는 애틋한 기억들을 찾아나선다. 지금의 자신을 가능하게 했던 오랜 기억들을 인생론적 성찰의 차원으로 옮겨가는 것이다. 그러한 과정을 통해 시인은 남다른 기억의 깊이를 탐색하고 표현하면서, 생이 결국 시간의 흐름 위에 놓여 있음을 노래해간다.

이는 기억 속에 있는 가족의 삶이 누구에게나 가장 깊은 기억의 뿌리이자 지나온 시간을 거슬러오를 수 있는 일차적 실재임을 증언하는 쪽으로 나아간다. 이때 시간을 역류하는 기억은, 과거를 단순 재현하는 것이 아니라, 지난 시간들을 원초적 경험의 형식으로 치환하고 동시에 그것을 현재의 삶과 연루시키는 적극적 행위로 몸을 바꾸어간다. 박권숙 시인은 그러한 기억을 통해 자신의 아득한 존재론적 기원을 노래한다.

> 평생을 여백으로 살아낸 아버지는
> 비워낸 힘으로만 차오르는 달 하나를
> 깊숙이 가슴에 품고 달래셨던 것인데
>
> 평생을 썰물로만 살아낸 아버지는
> 빛나기 전에 온전히 이지러진 달 하나를
> 캄캄한 눈물바다에 잠재우신 것인데
>
> 돌샘바닥 같은 눈을 감았다 뜨는 동안
> 밀물 진 만조의 꿈을 당기고 미는 동안
> 저기 저 서투른 첫발, 달 하나가 달아난다
>
> ―「그믐」 전문

아버지는 "평생을 여백으로 살아낸" 분이다. 오직 "비워낸 힘"으로만 차오르는 달을 가슴에 품고 달래셨던 것이다. '비워냄'으로써 '차오름'을 열망해가는 이러한 힘은 '그믐'이 가진 역설일 것인데, 바로 '아버지'께서 그러한 형상을 지닌 채 평생을 살아오신 것이다. 또한 아버지는 "평생을 썰물로만 살아낸" 분이기도 하다. 썰물 역시 비움으로써 충일을 지향하는 은유로 퍽 적합하다. "빛나기 전에 온전히 이지러진 달"이야말로 아버지가 품고 재우셨을 "캄캄한 눈물바다"와 어울리지 않는가. 그렇게 아버지는 "밀물 진 만조의 꿈을 당기고 미는 동안" 가장 아름답고도 "서투른 첫발"을 내딛는 '그믐' 형상으로 시인에게 남아 계시다. 이제는 "영영 소등을 끝낸//산 한 채"(「빗점골 지나며」)처럼 계셔도 시인에게는 "적막한 길 일으켜 더 적막해진 강"(「작설차를 마시며」)처럼 남으신 것이다.

> 은하수를 건너는 무수한 별들 속에
> 단 하나의 낯익은 반짝임을 찾아내듯
> 어머니 당신 하늘엔 단 하나의 내가 뜬다
>
> 철쭉꽃 무리 진 무수한 꽃잎 속에
> 단 하나의 낯익은 진홍을 찾아내듯
> 어머니 당신 꽃밭엔 단 하나의 내가 핀다
>
> 어두운 품을 열어 별이 잘 빛나기를
> 따스한 숨을 불어 꽃이 잘 벙글기를
> 어머니 내 손등 위에 당신 손을 포갠다
> ―「손이 손을 덮을 때」 전문

이번에는 '어머니'다. 마치 윤동주가 「별 헤는 밤」에서 어머니를 부르고 가을 하늘의 별들을 하나 하나 헤듯이, 시인은 "은하수를 건너는 무수한 별들 속에/단 하나의 낯익은 반짝임"을 발견한다. 그것은 "어머니 당신 하늘"에 "단 하나의 내가 뜬" 것으로 나타난다. 그런가 하면 "철쭉꽃 무리 진 무수한 꽃잎 속"에서 찾아내는 "단 하나의 낯익은 진홍" 역시 "어머니 당신 꽃밭"에 "단 하나의 내"가 핀 것이다. 평생을 어두운 품을 열어 별이 빛나기를 바라셨고 따스한 숨을 불어 꽃이 벙글기를 원하셨던 '어머니'는 그렇게 "내 손등 위에 당신 손"을 포개신다. 여기서 평행법 parallelism에 의해 재현되고 있는 어머니의 '하늘/꽃밭/손등'의 연쇄적 은유는 그만큼 어머니의 반짝이고도 붉고도 따스한 생애를 한껏 포괄해낸다. 어머니의 생애는 시인에게 "지는 꽃의 무게만큼 가벼워진 손"(「동백나무 경전」)처럼 남으셨던 것이다.

이처럼 박권숙 시편을 가로지르는 근원적 에너지는, '아버지/어머니'를 향한 깊은 회억回憶과 그것을 자신의 현재적 삶으로 끌어올려 성찰하는 과정에서 발원하고 있다. 그래서 그녀의 기억은 존재론적 기원과 연속성을 함께 사유하는 과정으로 점점이 번져온 셈이다. 이렇듯 그녀는 존재 근원에 대한 성찰을 지향하면서, 가장 오래고도 깊은 자기 기원을 흠모하고 탈환해간다. 그렇다고 그녀의 언어가 퇴행적 몽상으로 이루어져 있는 것은 아니다. 오히려 그녀의 시는 일상을 넘어서면서도, 궁극적으로는 지상에 발 딛고 살아가는 이들의 존재 형식을 증언하는 쪽으로 한결같이 귀환하고 있기 때문이다.

3.

 주지하듯 '시詩'는 동일자의 목소리와 타자의 목소리가 혼연하게 결속하여 씌어진다. 그래서 시적 상상이란 타자의 목소리가 침투하는 새로운 영감의 순간과 필연적으로 마주치지 않을 수 없다. 여기서 말하는 '타자의 목소리'란, 주체와는 다른 이질적인 것 혹은 주체와 거리를 두는 반성적 실재들로서, 배타적 총체성이나 견고한 동일성을 무너뜨리는 일체의 요소나 성향을 지칭하는 개념이다. 그 점에서 우리는, 박권숙 시편이 들려주는 타자의 목소리가 일인칭의 자기 토로라는 서정시의 양식 규정을 뛰어넘어, 타자의 속성을 온전하게 탐구해가는 과정을 보여준다는 사실에 상도想到하게 된다. 박권숙이 주목하는 타자가 시간적으로 극화된 형식은 아마도 '역사'의 비극성일 것이다. 다음 시편을 읽어보자.

 1.
 더 물러설 곳 없어 갑오년 봄이 벼랑일 때
 분사한 꽃들의 하얀 발을 껴안고
 헛짚은 연대 속으로 투신하던 당신들

벚나무가 옹이 박힌 저 수직의 무덤일 때
뭉개진 별 곱게 주워 하늘 한 쪽에 켜두는 손
세상의 저녁 쪽으로 젖은 악수를 청한다

2.
더는 테도 메울 수 없어 봄이 빈 옹기일 때
누대의 금간 적막을 차곡차곡 되질하며
막장의 기억 속으로 매몰당한 당신들

신호가 더께 앉은 공명뿐인 폐광일 때
불과 물로 빚은 꿈을 바닥까지 긁어낸 손
세상의 저녁 쪽으로 젖은 구원을 청한다
　　　　　　　　—「정읍의 봄—전봉준 생가에서」 전문

　두루 알다시피 전봉준은 녹두장군이라는 별칭으로 잘 알려져 있으며 동학 지도자였던 인물이다. 시인은 그가 더 물러설 곳 없었던 갑오년 봄에 "분사한 꽃들의 하얀 발을 껴안고/헛짚은 연대 속으로 투신하던" 기억을 떠올린다. 그의 생가가 있는 정읍에 찾아온 봄은, 이러한 전봉준의 싸움과 좌절과 흔적을 실감 있게 전해준다. 그것은 "벚나무가 옹이 박힌 저 수직의 무덤"을 향해 "세상의 저녁 쪽으로 젖은 악수를 청"하는 마음을 담고 있기도 하다. 그런가 하면 "빈 옹기"처럼 찾아온 봄에 "막장의 기억 속으로 매몰당한" 농민들의 "불과 물로 빚은 꿈을 바닥까지 긁어낸 손"이야말로 "세상의 저녁 쪽으로 젖은 구원"을 청하는 빛으로 남았지 않겠는가. 그렇게 박권숙은 "길이 다한 곳에서 길을 낸다는 것"(「벽송」)의 위의(威儀)를 통해 "저 숨찬 침묵의 언어"(「달과 까마귀―이중섭론」)를 섬세하게 읽고 있는 것이다. 한편 박권숙 시인의 이러한 역사의식은 동시대의 다른 비극적 장면들을 다음과 같이 부조浮彫하게끔 하는 원동력이 되어준다.

> 물질 서툰 낭설에 실려 위태한 저녁이 왔다
>
> 노을도 바람구멍 숭숭 뚫린 저녁이 왔다
>
> 마음이 멀리 나가버린 몸으로 저녁이 왔다
> ―「강정마을에서」 전문

> 안개의 투망질에 수평이 사라진 날
> 모든 가슴과 바다 아니 한 사발 물 앞에도
> 우리가 괴어놓았던 하늘이 무너졌다
>
> 찬 입술 떨며 오른 샛별과 이른 아침
> 새처럼 지저귀던 섬과 그 고운 뺨에
> 부끄럼 많던 저녁놀도 함께 무너졌다
>
> 모든 가슴과 바다 아니 한 사발 물 앞에도
> 한 자루씩 촛불로 닻을 내린 비린 기도
> 찢어진 안개그물을 맨손으로 걷고 있다
> ―「해무 경보―팽목항」 전문

'강정마을'과 '팽목항'은, 성격은 다르지만, 우리 역사의 비극성이 묻어 있는 상징 공간이다. '강정마을'은 국방부가 해군기지를 주도한 제주의 신항만 지역이다. 강정 앞바다 구럼비 바위는 멸종 위기종들의 놀이터이고, 유네스코가 지정한 생물권 보전 지역이기도 하다. 이러한 시각의 충돌로 인해 사업 반대가 크게 일어난 곳이다. 시인은 거기서 "노을도 바람구멍 숭숭 뚫린" 채 "마음이 멀리 나가버린 몸으로" 찾아온 "위태한 저녁"을 맞는다. 위태롭고 구멍 뚫리고 마음이 멀리 나간 '저녁'이란, 여기서 벌어지는 역사의 한 국면을 안타깝게 바라보는 시인의 마음을 잘 담고 있다. 그런가 하면 세월호 사건의 현장인 '팽목항'은 수많은 기억과 애도와 추모가 이어진 공간이다. 여기서 시인은 "우리가 괴어놓았던 하늘이" 무너지는 것과 "찬 입술 떨며 오른 샛별"과 "부끄럼 많던 저녁놀"도 함께 무너지는 것을 한꺼번에 목도한다. 그래서 "한 자루씩 촛불로 닻을 내린 비린 기도"에 마음을 보태고 있다. "안개의 투망질"을 하다가 "찢어진 안개그물을 맨손으로 걷고" 있는 모습에서 '해무 경보'라는 제목이 충실하게 잡혀진다. 이처럼 역사의 비극성을 던져준 상징 공간에 대한 형상화는, 시인에게는 "아주 오래 참았던 눈물 같은"(「섬진이 하는 말」) 것이고, 시를 읽는 이들에게는 "울음을 텅 비우는 일"(「만월」)이기도 할 것이다.

 원래 '시간'이란 누구에게나 평등하게 주어진 객관적 실체로 여겨지기 쉽지만, 사실 그것은 내면 안에서 일어나는 흐름으로만 경험되는 주관적 실체이다. 따라서 사람들은 모두 자신만의 시간 단위를 가지고 있으며, 그것은 주체가 처한 실존적, 역사적 정황에 의해 끊임없이 현재화되어 간다. 그래서 시인들은 자신이 몸 속에 새겨진 흔적을 통해 시간의 불가역성을 넘어서려는 상상적 모험을 마다하지 않는다. 그러한 '시간' 형식 가운데 가장 유의미한 것은 아무래도 일종의 집체적 기억인 '역사'일 것인데, 박권숙의 시선은 역사를 응시하고 그것을 우리의 존재 조건과 적극 연루시켜간다. 우리 시조가 자연이나 내면에 상당 부분 기울어 있음을 떠올릴 때, 이러한 박권숙의 시공간적 스케일과 늠렬한 정신은 퍽 귀한 것이 아닐 수 없을 것이다.

4.

다시 한 번 강조하지만, 시인들은 서정적 발화를 통해 자신이 살아온 시간을 되새기고 그 시간에 절대치에 가까운 의미를 부여해간다. 그 시간이 남긴 흔적과 무늬야말로 시인 자신의 직접적 생의 형식이고 시의 가장 중요한 내질內質이 되는 것이다. 그 점에서 시는 시인 자신의 기억에 기초한 시간예술이 아닐 수 없다. 박권숙 역시 자신이 살아온 오랜 시간에 대한 반성적 성찰을 통해 보편적 삶의 이법을 노래하는 시인이다. 물론 그녀의 방법론은 소멸과 생성의 반복 원리라는 충분히 낯익은 자연 질서를 따라 펼쳐져간다. 어쩌면 박권숙이 즐겨 채택하는 반복과 평행과 점

층의 원리 역시 이러한 태도에 바탕을 둔 것일 터이다. 그렇게 시인은 사물의 소멸과 생성의 원리를 따라가면서, 그것을 삶의 불가피한 원리로 수용해간다. 시인이 감응하고 표현하는 소멸과 생성의 원리를 따라가 보자.

> 낮달을 이마에 올린 수녀원 담을 따라
>
> 오후의 기울기가 쓸쓸해진 네 시 무렵
>
> 금이 간 그리움처럼 빈 접시가 붉었다
>
> 바람의 무게중심이 바뀔 때마다 휘청
>
> 받쳐 든 절대고독 반쯤 쏟다 남은 자리
>
> 또다시 붉게 고이는 여름 적막 한 접시
> ―「접시꽃」전문

> 나무들이 고요히
> 고개를 숙이고
>
> 검은 뼈 앙상한
> 발등 위로 물끄러미
>
> 찬란한
> 이슬방울을
> 들여다보는 저녁
> ―「오후 다섯 시」전문

이 두 편의 작품은 각각 '오후 네 시'와 '다섯 시'를 형상화하고 있다. 한낮의 정점을 지나 하루의 소멸 쪽으로 무게중심을 옮겨가는 이 시간대는, "오후의 기울기가 쓸쓸해진" 무렵이거나 "나무들이 고요히/고개를 숙이고//검은 뼈 앙상한/발등 위로 물끄러미//찬란한/이슬방울을/들여다보는" 무렵일 것이다. 어쩌면 "금이 간 그리움처럼" 고독과 적막이 고이는 시간일 것이다. 이 시간은 어둠이 밀려들기 전 기울어가는 소멸의 흐름 속에 놓여 있다. 결국 박권숙은 "저무는/사람의 등을/보는 일"(「빈 둥지」)을 반기고 "방목의 긴 기다림"(「울기등대」) 속에서 "견성의 찰나"(「빈 병」)를 경험하는 눈 밝은 시인이다. 이처럼 박권숙 시조는 단아하고도 간결한 형식을 통해, 오랜 세월을 지나온 이가 경험하는 고독과 적막의 시간을 담아내고 있다. 지나온 시간을 추스르고 응시하면서 세계를 해석하고 판단하면서 궁극적으로 가장 근원적인 삶의 형식에 대하여 묻고 있는 것이다. 그 궁극은 소멸과 생성의 간단없는 반복과 재귀再歸의 형식일 것이다. 다음은 그러한 사유의 종착역이 소멸 지향에 그치는 것이 아니라 새로운 신생 지향을 향하고 있음을 보여주는 뜻 깊은 실례들이다.

앞 강물이 뒷 강물의 푸른 이마를 쓸어주고

앞 산맥이 뒷 산맥에 푸른 등을 내어주는

속 꽉 찬

바람법문에

귀가 밝아지는 법당

—「배추밭」 전문

꽃나무가 어머니처럼 양팔을 한껏 벌려

졸음에 겨운 남풍 품에 꼭 안아주는

관음전 연등 아래선 야학이 한창이다

저것 봐, 초간본 하늘 첫 쪽 펼쳐놓고

저것 봐. 서투른 혀로 한 문장씩 따라 읽는

와자한 별의 싹들이 파릇파릇 돋는 밤

—「봄밤」 전문

이 산뜻한 화폭들은 그 자체로 자연의 신생 과정을 생생하게 그려준다. 배추밭의 풍경을 이보다 더 신선한 신생의 현장으로 그려낸 작품이 또 있을까? "앞 강물이 뒷 강물의 푸른 이마를 쓸어주고"라는 대목에서 강물과 배추의 푸른색이 등가로 어울리고, "앞 산맥이 뒷 산맥에 푸른 등을 내어주는" 순간에 배추밭은 푸른 산맥의 웅장함으로 격상되어간다. 그렇게 "속 꽉 찬//바람법문"처럼 싱그러워지는 배추밭은 어느새 "귀가 밝아지는 법당"이 된다. 그런가 하면 '봄밤'의 아름다움은 꽃나무가 양팔 벌려 남풍을 안아주는 것으로 나타난다. 관음전 연등 아래 한창인 야학에서는 초간본 하늘 첫 쪽 펼쳐놓고 한 문장씩 따라 읽는 별의 싹들이 파릇파릇 돋는데, 여기에 "초판본/그리움 같은/푸른 방점"(「쑥」)이나 "유리창 건반 위를 빠르게 달리는 비"(「귀성 행진곡」) 같은 이미지를 겹쳐 읽으면, 박권숙이 얼마나 구체적 심상으로 환한 이미지군##을 개척해가는 연금술사인지 우리는 분명하게 알게 된다. 그야말로 자연의 시간이 "펑펑 폭죽처럼 꽃봉오리 터뜨리는 신생의 세상"(「시인의 말」)이 아닐 수 없을 것이다.

결국 박권숙에게 시쓰기란 사물의 구체성을 발견하고 그에 상응하는 상상적 반응에 따라가는 과정일 것이다. 다시 말하면 그것은 삶의 보편성을 환기할 수 있는 구체적 사물을 발견하고, 거기에 개성적이고 역동적인 해석 과정을 신생의 감각으로 덧붙이는 과정이다. 물론 이러한 구체성이 물질성이나 쇄말성을 뜻하는 것은 아니다. 박권숙 시인은 구체적 사물이나 상황을 시적 질료로 삼으면서도, 그 물질성 안에 철저하게 갇히는 것이 아니라, 소멸과 신생의 움직임을 통해 삶에 대한 감각적 사유를 충족해간다. 그 점에서 그녀 시편에는 사물의 구체성과 감각적 청신함이 함께 통합되어 나타나게 된다.

5.

 다음으로 우리 이목을 잡는 것은 박권숙의 '그리운 삽화' 연작이다. 그녀가 오래도록 그리워했던 것들의 표상이 이곳에 나열되어 있다. 물론 여기서 말하는 '그리움'이란 감상성을 동반한 회상 심리와는 현저하게 다른 것이다. 오히려 시인이 노래하는 그리움은, 어떤 깊은 존재론적 차원에 대한 추구에서 오는 근원적인 것이다. 이를 통해 시인은 사물의 개체적 차원과 공동체적 차원을 공히 갈무리하려는 복합적 열망을 보여주면서, 동시에 오래고 깊은 사유와 표현을 통해 우리 시대에 결핍되어 있는 '시적인 것'의 가능성까지 타진하고 있다. 그 대상은 '성냥/우체통/장독/청동거울/소라고둥/빨랫줄/문풍지' 등이다. 이처럼 시인은 "최초의 해조음이 뱉어내고 삼켰던"(「조개를 까면서」) 언어를 통해 "묵언의 상수리나무"(「도토리 줍는 사이」)처럼, "소금으로 빛나는//그리움"(「패총」)들을 하나 하나 찾아나선다. 시인이 오래 그리워했던 것들을 한번 만나보자.

> 머리를 맞대고
> 단칸방에 잠들어도
>
> 손과 손
> 볼과 볼을
> 맞부비며 깨는 불씨

깡마른

가난을 뚫고

뜨겁게 타올랐다

—「그리운 삽화—성냥」 전문

이제는 그야말로 자취조차 사라진 '성냥'은 "손과 손/볼과 볼을/맞부비며 깨는 불씨"를 가져다준 소중한 도구였다. "깡마른/가난을 뚫고/뜨겁게" 타오르는 속성 때문에 '성냥'은 "등보다 깊이 엎드려 낟알로 떨군 가난"(「가난한 사람들」)을 비유하기도 하고, "서러운/소리의 뼈"(「그리운 삽화—소라고둥」)처럼 어느 한 시절을 증언하기도 한다. 이렇게 박권숙은 "바람 부는 지상의 모든 길 모퉁이"(「그리운 삽화—우체통」)에 놓인 사물들과 "퇴락한 빈 장독대"(「그리운 삽화—장독」)처럼 "닦아도/닦이지 않는"(「그리운 삽화—청동거울」) 시간을 응시해간다. 그래서 "묶인 채 나부끼는 꿈"(「그리운 삽화—빨랫줄」) 같은 '그리운 삽화'를 한 편 한 편 정성스럽게 써간다. 그야말로 "시간의 환한 틈새"(「다뉴세문경」)가 구체적으로 보인다.

결국 시는 시인 자신의 실존적 고투를 내용으로 삼는 자기 고백의 양식이다. 거기에는 한 시대의 중심 원리로 기능하는 이성의 힘과 길항하면서, 시인 자신의 개성적 사유와 감각을 통해 새로운 상상적 질서를 재구축하려는 남모를 열망이 담기게 마련이다. 물론 그러한 열망은 실험적 전위들이 항용 가지는 파격적 모험 정신과는 거리가 먼 것이다. 오히려 그것은 잃어버린 시의 위의를 세우려는 고전적 열망과 깊이 닿아 있는 어떤 것이다. 그래서 그 안에는 인간들이 인위적으로 정해놓은 경계의 표지標識와 그것을 지웠을 때의 자유로움이 대비적으로 그려진다. 그 자유로움이 바로 우리가 이성의 주류적 흐름 속에서 잃어버렸던, 시가 추구해마지 않는 속성이자 원리일 것이다. 박권숙 시조는 이러한 속성과 원리에 대한 정치하고 섬세한 감각을 통해 삶의 구체성에 착목한 의미 있는 결실이 아닐 수 없다. 그녀는 우리 시대의 불모성에 대한 유력한 시적 항체를 만들어냄으로써 자신만의 고전적이고 섬세한 사유와 감각을 선보인 것이다.

우리가 잘 알듯이, 일상에서 우리를 가장 강하게 규율하는 것은 시간이다. 우리는 시간의 흐름 속에 살아가기 때문에, 오직 기억 작용을 통해서만 시적 현재를 구성할 수 있다. 이러한 작용 속에서 박권숙의 시성poeticity을 가장 확실하게 보증하는 지표 역시 시간에 대한 자의식일 것이다. 하지만 그녀의 시는 여기서 그치지 않는다. 그녀는 깊은 기억을 매개로 하여 존재와 삶의 심층에 은유적으로 접근하고, 나아가 삶의 본질을 시간의 흐름 속에 발견해간다. 그 점에서 사적 기억과 공적 기억을 함께 투시해가는 그녀만의 시적 진정성은, 우리 시조시단을 더욱 출렁이게 하고, 나아가 우리 시조에 품과 격을 지속적으로 부여해갈 것이다. 그와 동시에 차원 높은 '언어예술'로서의 가능성을 깊이 남긴 시사적 실례로 남을 것이다. 이처럼 선명하고 아름다운 '그리운 삽화'들을 통해 가 닿은 기억의 진정성과 깊이가 박권숙 시조 생애에 연면히 이어져서, 그녀가 한국 시조시단의 우뚝한 상像으로 남게 되기를, 마음 깊이, 앙망해본다.

고요아침 운문정신 009

뜨거운 묘비

초 판 1쇄 발행일 · 2017년 06월 07일
초 판 2쇄 발행일 · 2017년 12월 15일

지은이 | 박권숙
펴낸이 | 노정자
펴낸곳 | 도서출판 고요아침
편 집 | 이광진 김남규

출판등록 2002년 8월 1일 제 1-3094호
03678 서울시 서대문구 증가로 29길 12-27 102호
전   화 | 02-302-3194~5
팩   스 | 02-302-3198
E-mail | goyoachim@hanmail.net
홈페이지 | www.goyoachim.com

ISBN 978-89-6039-971-6(04810)

* 책 가격은 뒤표지에 표시되어 있습니다.
* 지은이와 협의에 의해 인지는 생략합니다.
* 잘못된 책은 교환해 드립니다.

ⓒ 박권숙, 2017